Virtual Reality
Blueprint

Ein kurzer Einblick in die
neue virtuelle Welt der
Virtual, Augmented und
Mixed Reality

Virtual Reality
Blueprint

Ein kurzer Einblick in die neue virtuelle Welt der Virtual, Augmented und Mixed Reality

Maximilian C. Maschmann

1.Auflage (2017)

Inhaltsverzeichnis

Abkürzungsverzeichnis

2D	zweidimensional
3D	dreidimensional
4D	vierdimensional
6 DoF	six degrees of freedom
AR	Augmented Reality
AV	Augmented Virtuality
CAVE	Cave Automatic Virtual Environment
CGI	Computer Generated Imagery
CV1	Consumer Version 1
DK1	Developer Kit 1
DK2	Developer Kit 2
ebd.	ebenda
FOV/FoV	Field of view
GPU	Graphics Processing Unit
GVS	Galvanic vestibular stimulation
HDK2	Hacker Dev Kit 2
HMD	Head Mounted Display
HUD	Head-up-Display

Hz	Hertz(Einheit)
IMU	Inertial Measurement Unit
IPD	Interpupillary distance
LED	Leuchtdiode
MR	Mixed Reality
ms	Millisekunde
OLED	organic light emitting diode
OSVR	Open Source Virtual Reality
PC	Personal Computer
PSVR	PlayStation VR
SBS	Side-by-Side
USB	Universal Serial Bus
US	United States
USA	United States of America
USD	United States Dollar
VR	Virtual Reality
Web	World Wide Web
WQHD	Wide Quad High Definition
WWW	World Wide Web

1. <u>Einleitung</u>

Das Buch „Virtual Reality Blueprint – Ein kurzer Einblick in die neue virtuelle Welt der Virtual, Augmented und Mixed Reality", soll dem Leser einen kurzen Überblick über die VR Branche verschaffen.

Ursprünglich waren die Informationen nur intern für mich, den Autor, gedacht, um eine schriftliche Festhaltung von wichtigen Eckpunkten zu haben, auf die ich schnell und strukturiert zurückgreifen kann. Später kam mir die Idee kleine Auszüge dieser Sammlung zu veröffentlichen, um gerade Schülern, Studenten und anderen Interessenten ein kurzes Werk zu geben, mit welchem sie schnell Überblick und Ansatzpunkte für Referate, wissenschaftliche Arbeiten, Forschungsprojekte oder wirtschaftliche Entscheidungen erhalten.

Anspruch des Buches ist nicht ein allumfassendes Werk zu sein, sondern dem interessierten Leser einen kurzen Überblick zu verschaffen, den er dann individuell selbst vertiefen kann. Deshalb habe ich die Quellen angeführt, so dass man direkt Anhaltspunkte hat, wenn man in einen Punkt tiefer einsteigen will.

2. Definitionen der Begriffe im VR Universum

2.1 Virtual Reality, Augmented Reality, Augmented Virtuality und Mixed Reality

Virtual Reality

Virtual Reality als Begriff stammt aus der Science-Fiction Literatur. Hier wurde er 1935 von Stanley G. Weinbaum in seiner Kurzgeschichte „Pygmalion's Spectacles" erstmals erwähnt. Weinbaum beschrieb die Virtual Reality als eine durch Videobrillen und Holografien entstehende künstliche Sinneserfahrung (Weinbaum 1935). 1987 nahm das Oxford English Dictionary „Virtual Reality" als Begriff auf (Hillenbrand 2013).

Allgemein kann Virtual Reality als rein computerbasierende, jedoch in Echtzeit generierte Welt (Mehler-Bichler et al. 2011) bezeichnet werden, welche durch eine Sinnestäuschung die reale Welt ausblendet und das Gefühl vermitteln diese virtuelle Realität wäre die echte

Realität (Rouse 2015).

In der Literatur definieren Aukstakalnis & Blatner (1994) VR als eine computergenerierte, dreidimensionale Welt, die mit dem Anwender interagiert und ihm die Immersion in die Umgebung ermöglicht. Coates (1992) definiert Virtual Reality als elektronisch simulierte dreidimensionale Umgebung welche man durch ein „head- mounted eye goggles" erlebt und man mit dieser interagieren kann.

Weiter definiert Henning (1997) Virtual Reality als Mensch-Maschine-Schnittstelle, mit deren Hilfe eine computergenerierte Umwelt unter der Ansprache von mehreren Sinnen als Realität wahrgenommen wird.

Andere Definitionen dagegen sprechen von einer alternativen Welt, in der Computer generierte Bilder auf die menschlichen Bewegungen reagieren. Betreten kann man diese Welt mit Hilfe eines Datenanzugs, der unter anderem eine Videobrille besitzt, welche stereoskopische Bilder ausgibt (Steuer 1992).

Trotz der langen Existenz des Begriffes der Virtual Reality, findet man noch verschiedene Variationen und inkonsistente Beschreibungen. Dies führt selbst in der heutigen Fachliteratur noch zu Verwirrungen (Burdea & Coiffet 2003).

Der Autor dieses Buches würde Virtual Reality als eine durch einen Computer generierte virtuelle Welt definieren, die einer real existierenden Person ermöglicht, mittels Sinnentäuschungen und gestützt durch externe Peripheriegeräte, diese zu betreten.

Heute kann Virtual Reality als Technologie an sich in ihrer Anwendung nochmals in Kategorien unterteilt werden.

Man spricht hierbei von „Desktop Virtual Reality", wenn die visuelle Ausgabe der virtuellen Welt, durch einen Computer Monitor oder einen TV-Bildschirm erfolgt. Während hier Bewegung, Kopflage und Blick-Position des Nutzers keinen Einfluss auf die Darstellungsansicht haben, tun sie dies durch ein Head-Tracking bei der „Fishtank Virtual Reality." Die visuelle Ausgabe dabei erfolgt jedoch wie beim Desktop VR. Die fortgeschrittene Kategorie kann als „Immersive Virtual Reality" bezeichnet werden. Sie hat den höchsten Immersionsgrad. Realisiert wird sie durch ein sogenanntes Head-Mounted- Display (HMD), im Gegensatz zu den anderen Methoden kann der Anwender die reale Welt nicht mehr visuell wahrnehmen. Aufgrund des Stands der heutigen Technik ist nur noch letztere Kategorie am Markt präsent. Hier können nochmals Anwendungsgrade unterscheiden werden. Man spricht zuerst von der „Passiven VR". Der Anwender kann sich in der virtuellen Welt frei umsehen, die Simulation ist jedoch statisch und es ist keine freie Bewegung durch diese virtuelle Welt möglich. Ein Beispiel hierfür sind 360 Grad Videos oder Bilder. Im Gegensatz hierzu steht die „aktive VR", hier ist der Ablauf der Simulation ebenfalls statisch, jedoch ist ein freies Bewegen des Anwenders in der virtuellen Welt möglich. Eine interaktive Beeinflussung der virtuellen Welt, somit ein dynamischer Ablauf, stellt den letzten Anwendungsgrad dar, die „interaktive VR" (Bruns 2015).

In Zeitschriften und Werbeanzeigen fällt zudem der Begriff „Mobile VR". Diese versteht sich als eine Virtual Reality Plattform, die auf einem Smartphone basiert (Papaefthymiou et al. 2015). Beispiel hierfür ist das von Samsung und Oculus entwickelte Galaxy GEAR VR. Diese Plattform basiert auf einem HMD welches, statt eines integrierten Displays und einem Computer als Recheneinheit, das Samsung Smartphone des Anwenders, z.B. ein Galaxy Note 4 benutzt. Die Verbindung wird durch MicroUSB erreicht.

Die einfachste Mobile VR Version ist das aus Pappe bestehende Google Cardboard (Pierce 2015). Ein einheitliches System für Mobile VR wurde im Herbst 2016 von Google unter dem Namen Google Daydream vorgestellt werden. Die Daydream Plattform basiert auf

Android (Google 2016).

Neben diesen Heim-VR Techniken gibt es auch noch stationäre hyperimmersive professionelle VR Einrichtungen. Diese sind meistens für Militär, Firmen oder Vergnügungsparks entwickelt. Als Beispiel hierfür können die VR Vergnügungspark Attraktionen von The Void stehen. Hier erhält der User neben einem HMD in Form eines Helmes, eine Weste, welche mit mehreren Vibratoren ein haptisches Feedback erzeugt. Dazu gibt es für physisches Feedback noch Ventilatoren, Wärmelampen und ähnliches. Vor allem ist aber der Raum, den der User in der VR begeht, übereinstimmend mit dem in der Wirklichkeit. So sind z.B. da, wo in der VR Wände oder Stühle sind, auch echte Pendants am selben Ort, die der User physikalisch spüren kann. Er ist zudem in der Locomotion auch nicht über ein Kabel limitiert, sondern kann sich dank eines Backpack PC's auf dem Rücken frei bewegen. Zudem ist auch olfaktorisches Feedback über Geruchsspender möglich (THE VOID 2016).

Augmented Reality

Der Begriff der Augmented Reality (AR), zu Deutsch erweiterte Realität, wird oft im Zusammenhang mit VR, der virtuellen Realität, verwandt. Bei der AR handelt es sich nicht um eine virtuelle Realität, sondern um die reale Umgebung des Anwenders welche um virtuelle Elemente erweitert wird. So kommt es bei einer Verschmelzung der realen Umgebung und virtuell erzeugten Informationen zu einem Bild (Hand 1996).

In der Literatur definiert Azuma (1997), dass Augmented Reality drei Charakteristika aufweisen muss. Erstens die Kombination von Realität und Virtualität, zweitens eine Interaktion in Echtzeit und drittens einen dreidimensionalen Bezug.

Dagegen sehen Milgrims et al. (1995) mit ihrem entwickelten „Reality-Virtuality Continuum" die Augmented Reality als eine Mischform aus realer und virtueller Welt. Diese wird über Hardwarelösungen realisiert, meistens kommen hierbei Head-Up-Dislays (HUDs) zum Einsatz.

Einsatzgebiete von AR sind vielfältig, so kann es z.B. in der Luftfahrt eingesetzt werden um dem Piloten Zusatzinformationen zu Höhe und Geschwindigkeit auf sein Display projizieren zu können (Henning 1997).

Andere Anwendungsbeispiele sind unter anderem die App vom Möbelhersteller IKEA. Die aus dem Katalog gewählten Möbel können beliebig beim Anwender platziert und mit anderen Möbelstücken verglichen werden. Das Möbelstück lässt sich drehen und von allen Seiten betrachten, außerdem kann der Anwender feststellen ob das Möbelstück von den Maßen her in den gewählten Ort passt (Rese et al. 2014). Bei Games im AR Bereich ist vor allem Pokemon GO bekannt.

Das bekannteste aktuelle AR HMD ist die Anfang 2015 vorgestellte Microsoft HoloLens. Das HMD selbst hat ein durchsichtiges Display. Virtuelle Objekte werden über das Sichtfeld des Nutzers in den Raum projiziert, diese sind nicht statischer Natur (Microsoft 2016). Jedoch ist das FoV noch recht eingeschränkt und die Projektionen der virtuellen Objekte können somit für den Anwender nicht auf seinem gesamten Sichtbereich wahrgenommen werden (Metz 2015). Während die HoloLens oftmals als AR HMD oder AR SmartGlass bezeichnet wird ist sie strenggenommen ein Mixed Reality Device. Da, wie oben bereits erwähnt, die virtuellen Objekte nicht statischer Natur sind, sondern dynamisch sind und der Anwender mit ihnen interagieren kann. Microsoft selbst vermarktet die HoloLens als Mixed Reality Brille (Microsoft 2016). Aktueller Konkurrent der HoloLens ist die Meta 2 (Meta 2016). Ende 2017 soll zudem ein neues AR HMD herauskommen welches komplett neue Maßstäbe setzten will. Magic Leap wird in der Szene heiß erwartet, ist es doch mit hohen Venture Capital Summen von Techriesen wie Google, Qualcomm und Alibaba finanziert und hat einen aktuellen Wert von 4,5 Milliarden USD (Cao 2016).

Als Beispiel für eine reine AR Brille, die nur statische 2D Informationen über die reale Welt legt, kann Googles Project Glass dienen, welches 2012 vorgestellt wurde.

Augmented Virtuality

Augmented Virtuality, abgekürzt AV kann als Gegenstück zur AR betrachtet werden. Während in der AR ein virtuelles Objekt auf die reale Umgebung projiziert wird, wird in der AV ein reales Objekt in eine virtuelle Umgebung eingebettet. Diese realen Objekte, welche auch reale Personen wie der Anwender selbst sein können, interagieren mit der virtuellen Realität in Echtzeit. Als Beispiel kann hier die EyeToy, ein AV Kamera System der Spielekonsole Sony PlayStation 2 dienen (Kent 2011).

Weitere alltägliche Beispiele von AV sind z.B. Nachrichtensprecher vor virtuellen Wetterkarten oder reale Darsteller in Kinofilmen, die mit Techniken wie Chroma-Keying oder den Blue-Screen in einer am Computer generierten, virtuellen Welt gezeigt werden (Licht 2010).

Mixed Reality

Mixed Reality, abgekürzt MR und auf Deutsch Vermischte Realität, bezeichnet die Technologie, welche die Verbindung von realer und virtueller Umgebung darstellt. Migram et al. (1994) beschreiben diese Mischung in der Literatur in ihrem Reality-Virtuality (RV) Continuum. Ihr Modell zeigt im linken Bereich ausschließlich die reale Umgebung, welche von einem Medium aus betrachtet wird, während im rechten Bereich des Modells nur virtuelle Objekte und eine virtuelle Welt sind. Die Schnittfläche dieser zwei Welten wird als Mixed Reality definiert. Sprich, die Mixed Reality wird als Mischung der realen und virtuellen Welt definiert, die über ein Display abgebildet ist. Laut dieser Definition zählen Augmented Reality sowie Augmented Virtuality als Mixed Reality, jedoch nicht reale Welt und die Virtual Reality.

2.2 Motion Sickness

Ein aktuelles Problem bei Virtual Reality Anwendungen, welches immer noch besteht, ist ein Unwohlsein nach einer bestimmten Nutzungsdauer über das viele Anwender klagen. In diesem Terminus spricht man von den Fachbegriffen Motion Sickness, Cyber Sickness oder Simulatorkrankheit. Ursache für dieses Unwohlsein ist die Diskrepanz dessen was die Augen des Anwenders wahrnehmen und dessen was real gefühlt wird. Prominentes Beispiel hierfür ist eine Rollercoaster Anwendung. Während der User virtuell eine Achterbahn fährt, seine Augen dies auch visuell wahrnehmen, spüren die anderen Organe immer noch, dass er nur auf einem Stuhl sitzt (Whittinghill, 2015). Somit kommt es zu einer visuellen, aber nicht vestibuläre Stimulation des Anwenders (LaViola 2000).

Diese Theorie der Ursache bezieht sich auf den sensorischen Konflikt zwischen visuellen und vestibulären Sinneseindrücken beim Anwender. Die Poison-Theorie hierzu hat einen evolutionären Ursprung. Bei einer Vergiftung des Körpers kommt das visuelle und vestibuläre System beim Menschen durcheinander. Somit interpretiert der Körper des Anwenders in der virtuellen Realität die sensorischen Diskrepanzen als eine Vergiftung und reagiert darauf entsprechend. Demgegenüber steht die Theorie der posturalen Instabilität, bei dieser ist die Aufrechterhaltung einer stabilen Position ein primäres Ziel des menschlichen Verhaltens. Eine rein visuelle Beschleunigung in der virtuellen Realität führt laut ihr dazu, dass der menschliche Körper mit Muskelreizen darauf reagiert. Diese Reize bringen ihn in eine instabile Position was Auslöser der Motion Sickness ist (ebd.).

Dieser Widerspruch in den zu verarbeitenden Informationen für die menschlichen Sinne kann zu Problemen wie Übelkeit, Benommenheit, erhöhtem Speichelfluss, Erbrechen und Schwindelgefühl führen. Diese Symptome treten besonders häufig auf, wenn ein HMD mit Head-Tracking bei welchem Bilddarstellungen verzögert oder asynchron gezeigt werden eingesetzt wird, sprich die Latenz zu hoch ist (Steinicke & Dörner 2013).

Eine Reduktion der Symptome kann durch eine möglichst geringe Latenz und keinem hohen Unterschied zwischen den simulierten und tatsächlich empfundenen Bewegungen erreicht werden. Zudem ist zu beobachten, dass die Symptome erst nach einer gewissen Verweildauer von ca. 10 Minuten in der virtuellen Realität auftreten. Zudem tritt ein Gewöhnungseffekt beim Anwender auf, der die

Symptome bei häufigeren Nutzen der virtuellen Realität abschwächt (McCauley & Sharkey 1992). Diese Methode ist auch als als Adaption bekannt (LaViola 2000).

Die Motion Sickness hat viele Faktoren beziehungsweise Ursachen und es existiert noch keine sichere Methode für eine Eliminierung (ebd.).

Beim Einflussfaktor Alter existiert eine gemischte Studienlage. Nach Reason & Brand (1975) ist Anfälligkeit für Motion Sickness im Alter von 2 bis 12 Jahren am höchsten, danach nimmt diese ab und ist bei Anwendern über 50 Jahren nonexistent.

Eine neuere Studie von Brooks et al. (2010) besagt das Gegenteil. Altersbedingte Gleichgewichtsprobleme sowie Schwindelgefühle bei Anwendern über 50 Jahren sollen die Motion Sickness erhöhen.

Beim Geschlecht sind nach aktueller Studienlage eher Frauen betroffen. Koslucher et al. (2015) zeigten dies. Als Ursache wird die unterschiedliche Nutzung der Körper in VR von Männern und Frauen genannt. Die unterschiedliche Bewegung führt zu einer höheren Motion Sickness beim weiblichen Geschlecht.

Eine mögliche Ursache für Motion Sickness konnten Allen

et al. (2016) an der Universität Wisconsin feststellen. Ihre Theorie besagt, dass Anwender mit einer besonders sensiblen visuellen Wahrnehmung für Bewegung im dreidimensionalen Raum anfälliger für Motion Sickness sind, als Anwender ohne diese Sensibilität. Den 37 Prozent der Teilnehmer, welche die Studie aufgrund von Schwindel und Übelkeit abbrachen, konnte in einer vorhergehenden Studie nachgewiesen werden, dass sie eine besonders gute Wahrnehmung von dreidimensionale Bewegungen besitzen. Interessant auch in Bezug zu Koslucher et al. (2015) ist, dass hauptsächlich Frauen unter den 37 Prozent der Studie von Allen et al. (2016) waren.

Es gibt mehrere Lösungsansätze für das Problem der Motion Sickness. Eine Software basierte Rendermethode, die die Motion Sickness dauerhaft reduzieren könnte, ist die Begrenzung des FOV. Feiner & Fernandes (2016) zeigten an Columbia Universität, gute Ergebnisse in ihren Studien. Ein Algorithmus ermittelt den Zeitpunkt der FOV Begrenzung zur Verhinderung der Motion Sickness ohne Störung der Immersion.

Eine Hardware basierte Lösung könnte ein 2016 bei der SXSW vorgestellter Prototyp von Samsung namens Entrim 4D sein. Dieses Headset basiert auf einer galvanisch vestibulären Stimulation. Diese als GVS bekannte Technik schafft es die Diskrepanz zwischen visueller und vestibulärer Stimulation durch elektrische Signale an das Innenohr des Anwenders auszugleichen. Eine Verminderung oder gänzliche Vermeidung der Motion Sickness beim Anwender soll hierdurch erreicht werden (Samsung 2016).

2.3 Immersion

Immersion ist das Empfinden des Anwenders einer Virtual Reality Erfahrung selbst Bestandteil des Geschehens zu sein. Indem die sensorischen Informationen des Anwenders synthetisch erzeugt werden entsteht ein Realitätsempfinden als wäre er in der realen Welt existent (Bowman & McMahan 2007).

In der Literatur findet man neben dem Begriff Immersion auch die Begriffe der „Presence"(Präsenz) oder „Telepresence"(Telepräsenz)(ebd.). Steuer beschreibt die echte Realität, welche ein Mensch mit seinen Sinnen wahrnimmt als „Presence". Beeinflusst man durch die Virtual Reality Technik diese Sinneswahrnehmung, so muss der Anwender die zwei simultanen Realitäten wahrnehmen, die echte Realität also die „Presence", sowie die virtuelle Realität, die Steuer als „Telepresence" benennt (Steuer 1992).

Öfter werden in Presse und Wirtschaft die Begriffe simultan verwendet, jedoch gibt es in der Literatur Unterschiede. Slater (2003) definiert diese zwischen Immersion und Presence. So gibt laut ihm die Immersion die sensorische Güte der VR-Technologie an. Im Gegensatz dazu steht die Presence für die menschliche Reaktion auf die Immersion.

Durch die Individualität der Nutzer kann diese unterschiedlich bei ein und demselben VR-System ausfallen.

Die International Society for Presence Research (2000) definiert die Telepresence wie folgt: Die Telepresence wird oft als Presence abgekürzt und versteht sich als das Gefühl von „da sein" in einer virtuellen Umgebung. Sie ist die Illusion eines nicht meditativen Zustands, in welchem der Anwender vergisst, dass er diese Erfahrung nur über eine Technologie erfährt.

Zum Erreichen einer perfekten Immersion, also einer perfekten Täuschung des Anwenders, müssen seine Sinneseindrücke in gleicher Quantität und Qualität, wie er es aus der realen Welt gewohnt ist, reproduziert werden. Neben einer Reproduktion von z.B. rein visuellen Reizen mit Hilfe von Computergrafik muss der Anwender in der virtuellen Welt auch handeln können (Dörner et al. 2013).

Diesen Effekt zu erreichen, sprich die perfekte Illusion zu schaffen, ist heute noch nicht möglich. Die Computersysteme, welche die Aktionen erkennen und die Reize für den Anwender erzeugen, müssen hochkomplex sein. Besonders die Tatsache, dass das System in Echtzeit arbeiten muss und die Berechnungen nicht zu einer x beliebigen Zeit erfolgen können, erhöht die Komplexität (ebd.)

Der Autor dieses Buches würde Immersion als Güteklasse der Sinnestäuschung eines Virtual Reality Anwenders, die Virtual Reality von der echten Realität unterscheiden zu können, definieren. Bei einer perfekten Immersion, kann der Anwender somit nicht mehr selbständig von echter und virtueller Realität unterscheiden.

2.4 Head Mounted Display (HMD) und VR Peripherie

Die ersten realen Projekte im Zusammenhang mit der Erstellung einer virtuellen Realität gab es bereits 1962. Diese ersten Prototypen zeigten kurze Filme und diese Entwicklung zog sich bis Ende der 80er Jahre. Den ersten Boom von VR gab es in den 90er Jahren. Diese erste Generation von VR Geräten für den Massenmarkt war für die damaligen Heimkonsolen gedacht. Jedoch erwies sich die Hardware als zu teuer und unausgereift für die Allgemeinheit. Die komplizierte Programmierung führte zudem dazu, dass nur wenige passende Spiele am Markt existierten. In der Spieleindustrie floppte somit diese erste Generation der 90er Jahre VR-Geräte, einzig in den japanischen Spielhallen konnten sie sich halten. Außerhalb der Spielewelt wurde in den 90er Jahren VR zur Steuerung von Industrierobotern, in der Architektur sowie beim Militärtraining eingesetzt (Bonset 2014).

Den Durchbruch schaffte Virtual Reality dann erst 2012. Als Oculus Rift Gründer Palmer Luckey auf Kickstarter knapp 2,5 Millionen USD für die Entwicklung eines neuen Virtual Reality HMD Prototypen sammelte. Zwei Jahre später im Jahr 2014, wurde das Unternehmen für 2,3

Milliarden USD von Facebook aufgekauft (Mitchell 2014).

Visuelle Ausgabegeräte für Virtual Reality Geräte werden in der Fachsprache als Head Mounted Display, abgekürzt HMD, bezeichnet. Umgangssprachlich findet man für diese Devices häufig Begriffe wie VR Headsets oder VR Brillen.

Das HMD ersetzt frühere Technologie zur visuellen Ausgabe wie das CAVE (Cave Automatic Virtual Environment) (Cruz-Neira et. al 1993) oder die Kuppelprojektionen (Preim & Dachselt 2015).

Die HMDs bestehen aus zwei räumlich getrennten Displays, die Blickwinkel der Displays sind dem jeweiligen Auge des Users angepasst. Durch diese Anpassung ist eine stereoskopische Darstellung der virtuellen Umgebung möglich, sprich es wird ein dreidimensionales Bild erschaffen (Geiger & Drochtert 2015). Diese Simulation des räumlichen dreidimensionalen Sehens ist auch unter der Bezeichnung SBS 3D bekannt (Nuñez 2015). Bei aktuellen HMD's wie der HTC Vive liegt die Auflösung bei 2160 x 1200 Pixeln bei einer Bildwiederholrate von 90 Hz (HTC 2016). Diese Auflösung führt aktuell noch zum Screen Door Effekt (SDE), der im deutschsprachigen Raum als Fliegengittereffekt bekannt ist, eine Art Fliegengitter welches der Anwender im projizierten Bild des HMD wahrnimmt bedingt durch einen technischen Abstand der einzelnen Bildpunkte.

Diese Bildwiederholrate sagt aus wie viele Bilder pro Sekunde auf dem Display gezeigt werden. Damit ein flackernder Bildeindruck vermieden wird, sollte die Bildwiederholrate mindestens bei 50-60 Hz liegen (Bowman et al. 2004).

Inhalte kommen per Videosignal via HDMI Kabel von einem Computer zum HMD Display. Während bei High-End Lösungen die Displays direkt im HMD integriert sind, wird beim Mobile VR das Smartphone als Display genutzt (Charara 2015).

Die im HMD verwendeten speziellen Linsen ermöglichen trotz der unmittelbaren Nähe zu den Augen des Users, das er fokussieren und somit die Inhalte scharf sehen kann. Heute ist bei den meisten gängigen kommerziellen HMDs der Linse-Auge-Abstand oder der Linse- Display-Abstand frei einstellbar. Diese Einstellbarkeit ermöglicht es leichte Kurz- oder Weitsichtigkeit des Nutzers auszugleichen (ebd.). Die HTC Vive lässt den User per IPD Regler manuell den Augenabstand einstellen (Miltiadis 2016).

Als Field of View (FoV) wird bei einem HDM das Sichtfeld bezeichnet, welches in Grad gemessen und angegeben wird

(Nuñez 2015). Aktuelle High-End Consumer Versionen besitzen ein horizontales FoV, so beispielsweise bei der HTV Vive 110° (HTC 2016).

Im Enterprise Bereich erreicht das vom IMAX eingesetzte Acer Starbreeze StarVR ein 210° horizontales FoV, welches dem natürlichen Sichtfeld des Menschen entsprechen soll (StarVR 2016).

Durch ein Head-Tracking, mit Hilfe von Gyroskopen im HMD, wird das FoV parallel zu den Kopfbewegungen des Anwenders gezeigt, somit ist eine freie Rundumsicht möglich (Nuñez 2015). In diesem Zusammenhang spricht man oft von 6 DoF, Six Degrees of Freedom. Dies beschreibt die Bewegungsfreiheit eines Körpers innerhalb eines dreidimensionalen Raums. Zum einem sind dies die drei Bewegungsrichtungen forward/back, up/down und left/right und zum anderen die drei verschiedenen Richtungen der Rotation des Körpers pitch, yaw und roll (Batallé 2013).

Beim Head-Tracking werden zuerst die drei Bewegungsrichtungen des menschlichen Kopfes im HMD erkannt. Dies ermöglicht, dass der Anwender sich innerhalb der virtuellen Realität durch Kopfbewegungen frei umsehen kann (ebd.).

Mit der Inertial Measurement Unit (IMU), unter anderem bestehend aus der Kombination von Beschleunigungssensor, Gyroskop und Magnetometer, können auch die Rotationsrichtungen des HMD erfasst werden (Charara 2015).

Ein Positional Tracking des Anwenders für die virtuelle Realität erzielt ein HMD durch unterschiedliche Technologien.

Hier existieren aktuell sogenannte Outside-In Verfahren. Die Bewegung wird von außerhalb des HMD meist durch eine oder mehrere Kameras getrackt. Die Kombination von mehreren Kameras ermöglicht die Vergrößerung des Interaktionsbereichs und macht ihn weniger anfällig gegenüber Störungen durch Verdeckungen. Die Kalibrierung der Kamera erfolgt durch Testobjekte, deren Form und Größe bekannt sind. Diese werden durch den überwachten Raum bewegt werden (Grimm et al. 2013).

Ein Beispiel für eine aktuelle Outside-In Lösung mit externen Kameras ist die Oculus Rift. Das HMD ist hier mit kleinen Infrarot-LEDs ausstattet, die von einer externen Kamera erfasst werden. Eine aktuelle Outside-In Lösung ohne Kamera stellt das Lighthouse Tracking System der VIVE dar. An gegenüberliegenden Ecken eines Raumes werden Boxen positioniert. Jede dieser Basiseinheit schickt zwei Laser-Strahlen der Klasse 1 mit 60 Hz aus. Auf dem HMD sind Fotowiderstände montiert, welche die Laser-Strahlen der Basiseinheiten reflektieren. Die Position des Anwenders wird aus diesen Daten in Millisekunden von einer Software berechnet. Der aktuell nutzbare Bereich liegt bei 5x5 Metern. Geschützt wird der Anwender durch ein Chaperone System, welches ihn durch ein Gitternetz vor dem Ende des Raumes warnt.

Weiterentwicklungen die eine größere Fläche erlauben sind sogenannte Treadmills, ein multidirektionales Laufband auf dem der Anwender eine endlose Distanz zurücklegen könnte. Erste Modelle am Markt sind z.B. die Virtuix Omni (Virtuix 2016).

Andere eher wissenschaftliche Ansätze sind die des Redirected Walkings, so zeigten Steinicke et al. (2010) in ihrer Studie das die menschliche Einschätzung von Entfernungen und Drehungen nicht perfekt ist. Man kann diese Wahrnehmung manipulieren, ohne dass es dem Probanden ersichtlich ist. So zeigten die Ergebnisse dieser Studie, dass die Rotation Virtuell 90° in Real zwischen 72° und 134.1° lag. Die Translation lag virtuell bei 5m und in real zwischen 4.3m und 6.3m. Wichtig ist auch die Pfadkrümmung einer virtuellen Gerade, welche real eine

Kreisbahn mit Radius von 22m ist. Mit diesen Ansätzen lässt sich ein endloser Locomotion, also Bewegungsansatz mit einem HMD auch in endlichen Flächen realisieren.

Als ich im Sommer 2016 gemeinsam mit meinem Freund Fabian Rücker, dem VR/AR Meetup Rhein Main Gründer, einen Vortrag zu Locomotion Problematik hielt zeigten wir am Ende als Demo unter anderem auch die Methode des Redirected Walkings zum Ausprobieren mit einer HTC Vive. Diese kam bei den Anwesenden besser als eine Trackpad Steuerung oder Varianten wie das Schwingen der Arme an.

Im Gegensatz zum Outside-In steht das Inside-Out Verfahren. Hier werden Kameras am HMD selber angebracht. Der Anwender kann sich frei bewegen und ist nicht auf einen getrackten vorherbestimmten Interaktionsraum beschränkt (Grimm et al. 2013).

Man kann davon ausgehen, dass es in zukünftigen HMD's vom Outside-In zum Inside-Out Tracking kommen wird. Intel zeigt diese Möglichkeiten bereits mit ihrer RealSense Technologie (Intel 2016b). So präsentierte Intel CEO Brian Krzanich bei der Opening Keynote 2016 des Intel Developer Forum in San Francisco einen HMD Prototypen namens Project Alloy mit der RealSense Technologie (Intel

2016c).

Die auditive Informationsausgabe des HMD erfolgt per internen oder externen Kopfhörern. Zur auditiven Richtungs- sowie Abstandsbestimmung von Geräuschen wird 3D- Sound eingesetzt. Eine auditive Ausgabe bringt neben der Lokalisierung von Geräuschen auch ein akustisches Feedback, sprich eine akustische Rückmeldung (Bowman et al. 2004).

Bei den zukünftigen HMD-Modellen wird es zudem zu höheren Auflösungen kommen. Man wird das Tracking der Kopfbewegungen verbessern sowie zusätzlich ein Tracking der Augen einführen (Geiger & Drochtert 2015). Dieses Tracking, unter dem Begriff Eye- Tracking bekannt, wurde schon in diversen Prototypen gezeigt. So zeigt der deutsche Eyetracking Spezialist SMI einen funktionierenden Prototyp welcher in der Oculus Rift DK2 verbaut wurde. Hierbei wurde gezeigt, wie Eye-Tracking dank fovealem Rendering die Belastung des GPU bei VR Anwendungen verringern kann (Briegleb 2016). Ein erstes HMD mit fertigeingebautem Eye-Tracking ist die Fove, welche seit Anfang 2017 ausgeliefert wird (Fove 2016).

Neben Eye-Tracking wird in Zukunft auch Face Tracking eine große Rolle spielen. Hierbei wird die Mimik des Users erfasst und auf seinen Avatar in der VR reproduziert (Varona et al 2005).

Zum Input der Daten braucht ein HMD, genau wie ein Computer, spezielle Peripherie Geräte oder Sensoren.

Bisher gängige Eingabegeräte sind Controller wie der Oculus Touch. Die zwei Controllereinheiten sind ergonomisch geformt und können neben klassischer Eingabe über Tasten auch Bewegungen von Daumen und Zeigefinger erfassen. Ebenso ist die Erkennung von Handgesten, wie Daumen hoch, Zeigen oder Winken möglich. Haptisches Feedback erhält der Anwender durch leichte Vibrationen des im Controller verbauten Motors, Konkurrenzprodukte wie die HTC VIVE Controller-Stäbe besitzen noch ein digitales Touchpad.

Weitere Möglichkeiten neben Controllern sind Gloves (Handschuhe) wie die Manus VR. Diese versprechen ebenfalls haptisches Feedback durch Vibrationen von integrierten Motoren, sowie ein Tracking mit einer Latenz von unter 5 ms. Die Handschuhe sind mit dem HMD nicht verbunden, sondern senden die Daten wireless, also kabellos per Bluetooth an die Recheneinheit (Manus 2016). Verbesserte haptische Möglichkeiten bei Gloves sind möglich, wie Prototypen von Dexta Robotics zeigen. Diese Exo-Skelett Handschuhe für die Hände arbeiten mit einem Motor pro Gelenk. Somit können Form und Beschaffenheit des virtuellen Objekts glaubhaft simuliert werden. Dies geschieht durch Daten einer Software welche die einzelnen Gelenke des Handschuhs ansteuert und somit die Finger vom Anwender in die passende Position zwingt (Dexta Robotics 2016).

Input der Daten gänzlich ohne Controller ist durch ein Hand Tracking möglich, wie es Leap Motion entwickelt hat. Ermöglicht wird dies mithilfe von Extra Hardware am HMD, diese ist mit zwei Tiefenkameras sowie drei Infrarot-LEDs ausgestattet. Die Erkennung von Bewegungen der Hand sowie einzelner Finger wird dadurch ermöglicht (Leap Motion 2016).

In ferner Zukunft kann das Gehirn des Users selbst als Peripherie dienen, Gedankensteuerung für die VR. An dieser Vision arbeitet das Schweizer Startup MindMaze (MindMaze 2016).

Neben den großen Playern existieren noch einige verschiedene kleinere HMD's am Markt. Ein Beispiel hierfür wäre das OSVR HDK2 von Razer, dies verfolgt nicht nur auf Softwareseite wie dem Treiberquelltext oder dem SDK einen Open Source Ansatz sondern auch bei der Hardware (Razer 2016).

3. VR/AR/MR Marktprognosen und Marktverteilung

In diesem Kapitel wird darauf eingegangen welches Marktvolumen der Virtual Reality Markt die nächsten Jahre einnehmen wird und in welche Richtungen der Content sich entwickeln kann.

Große Consulting Unternehmen treffen schon Aussagen wie „VR- Brillen könnten eine Technik-Revolution auslösen" (KPMG 2016, S.1), doch wie groß wird dieser Markt in den nächsten Jahren tatsächlich und wie nimmt die breite Bevölkerung Virtual Reality wahr?

Eine repräsentative Befragung im Auftrag des Digitalverbands Bitkom zeigt uns, dass 2016 rund 59% der Deutschen schon von Virtual Reality HMD's gehört oder gelesen haben, im vorherigen Jahr waren dies nur 42% der Deutschen. Zudem hat fast jeder zehnte Deutsche ab 14 Jahren bereits ein HMD ausprobiert. Auch die Skepsis gegenüber der neuen Technologie verringert sich, so konnten sich 2015 nur 20% vorstellen ein HMD zu nutzen, bei der aktuellen Befragung 2016 können sich dies schon 31% vorstellen (Bitkom 2016).

Komplett in der Gesellschaft ist die Virtual Reality weltweit jedoch noch nicht angekommen, so hatten 2016 im Kernland USA 63% der Haushalte laut einer Umfrage von Parks Associates noch nie etwas von Virtual Reality gehört.

Auch schätzten 2016 nur 24% der 18-54-jährigen US Bürger, dass sie 2017 ein VR HMD benutzen oder kaufen würden, dies laut einer repräsentativen Umfrage von Nielsen (2016).

Was den Markt angeht, so gibt es verschiedene Prognosen, welche man allerdings mit Vorsicht genießen sollte. Goldman Sachs schätzt in ihrem Report im Basisszenario ein Marktvolumen für VR von rund 80 Milliarden USD für das Jahr 2025, in einem beschleunigten Szenario geht man sogar von 182 Milliarden USD für 2025 aus (Goldman Sachs 2016).

Demgegenüber geht der AR/VR Report von Digi-Capital von 150 Milliarden USD im Jahre 2020 aus, jedoch werden hier die Bereiche AR und VR gemeinsam betrachtet (Digi-Capital 2015).

Ebenfalls wird das Jahr 2020 vom SuperData Research Report prognostiziert, dieser geht im Gegensatz zum Digi-

Capital Report von 40 Milliarden USD aus. Doch wird hier Virtual Reality nur alleine betrachtet, sprich ohne den AR Markt (SuperData 2016).

Die Analysten der Citigroup (2016) rechnen in ihrem Report für das Jahr 2025 mit einem Marktvolumen von 625 Milliarden USD für den VR/AR Markt.

Im Jahr 2016 lag das Marktvolumen der Virtual-Reality-Branche bei geschätzten 1,8 Milliarden USD laut SuperData. Der Löwenanteil mit 718 Millionen USD entfiel auf den High-End Computer VR Markt. Asien (430 Mio USD) und Nordamerika (403 Mio USD) waren die beiden Hauptmärkte, Europa (335 Mio USD) folgte mit Abstand dahinter (SuperData 2017).

Was den Content angeht stehen Videospiele und virtueller Tourismus im Vordergrund. Beim Bitkom Report 2016 interessierten sich potentielle VR Nutzer mit 41% hauptsächlich für die Möglichkeit, Computer- und Videospiele in der virtuellen Realität zu erleben. Direkt auf Platz 2 mit 35% folgte die Idee mit VR-Brillen Orte zu bereisen (Bitkom 2016). Die amerikanische Studie von Greenlight VR in den USA besagt, dass 73,5 Prozent der Befragten an virtuellen Inhalten rund um Reisen Interesse haben. Dies war der am meisten bevorzugte Inhalt der Befragung, vor Live-Events (Greenlight 2016).

Eine genauere Betrachtung von VR Content für Zwecke des Marketings und Vertriebs zeigt mit 73% Reiseziele als dem am häufigsten genannten Punkt welcher in künftigen Kaufentscheidungen auf Basis von VR-Anwendungen getroffen werden würde. Dahinter folgen Autos, Immobilien und Kleidung (ZEISS 2016).

Wenn man sich aktuell den VR Consumer Markt Ende 2016 ansieht, kann man diesen in High-End VR und Mobile VR unterteilen. Im High-End Markt gibt es drei große Player. Führend hier laut den Daten von SuperData Research ist Sony mit der Playstation VR ca. 750.000 verkaufte Einheiten konnte man absetzten. Danach folgt die HTC Steam Vive mit ca. 420.000 Einheiten und die Facebook Tochter Oculus mit der Rift die ca. 240.000 Einheiten absetzten konnte. Angemerkt werden muss hierbei, dass HTC und Oculus ihre Systeme kurz vor Sommer 2016 launchten und Sony ihres erst November 2016.
Im Mobilen Sektor ist Samsung mit der Gear VR und ca. 4,5 Millionen Einheiten der Marktführer, danach folgt das offene System Daydream View von Google mit ca. 260.000 Einheiten (SuperData 2017).

Etwas andere Daten bietet der 01 Consulting Report (2016).
Sony ist auch hier Marktführer mit 30%, danach folgt
jedoch die Facebook-Tochter Oculus VR mit 11% Prozent,
dann Google mit 8%, Samsung Gear VR mit 7% und
letztlich die HTC Steam Vive mit 6%.

Als Grund für den zu erwarteten Erfolg der Sony
PlayStation VR sehe ich einen verhältnismäßig günstigen
Einstiegspreis, eine starke, bekannte Marke im
Unterhaltungssektor mit der PlayStation Brand sowie vor
allem die große Basis an bereits verbreiteten PlayStation 4
Konsolen.

Wenn man die Zukunft betrachtet, so wird diese den
autarken Standalone VR HMD's gehören, so die Meinung
des Autors. Die aktuelle Prognose von AbIresearch (2017)
geht davon aus, dass 2021 110 Millionen VR-HMD's
verkauft werden. Die jährliche Wachstumsrate der autarken
Standalone VR-HMD's wird bis 2021 bei 405% liegen,
während der Mobile VR Bereich nur noch schwächer
wachsen wird und zwar mit einer Wachstumsrate von 42%
bis 2021.

Aktuelle Probleme, auch der Grund warum VR noch nicht auf den Massenmarkt durchgebrochen ist, sehen die 523 VR Professionals, die im Rahmen einer Industrie Umfrage von Virtual Reality Intelligence (2017) befragt wurden, vor allem in 2 Punkten: dem fehlenden Content und dem verhältnismäßig hohen Preis für ein HMD.

4. Aktuelle Ansätze der wissenschaftlichen Forschung

Das soziale Interaktion in der Virtual Reality um eine VR Experience zu erleben gewünscht wird, zeigten die Interviews zur Studie von Tussyadiah et al. (2016). Diese untersuchte Virtual Reality im Zusammenhang mit dem Destination Marketing. Trotz einer starken Immersion während der VR Experience, bemängelten die Probanden jedoch die Social Experience. Es gab in der Virtual Reality keine Personen zum Interagieren, da die eher einfache Experience rein aus Bildern bestand. Zudem waren die Gesichter der Personen verschwommen aus datenrechtlichen Gründen. Laut Probanden wäre die VR Experience nicht stärker als detaillierte Reiseführer, was die positive Beeinflussung auf das Destination Marketing angeht. Laut Probanden lag der Grund hierfür jedoch daran, dass die gezeigten Plätze und Art der Bilder nicht schön genug und keine Werbebilder wären, die Anreize schaffen sollen. Laut einigen Probanden würde dies zu einer besseren und positiven Beeinflussung führen.

Wan et al. (2007) untersuchten den Einfluss einer virtuellen Experience bei einer Destination im Vergleich zu normalen Reisebroschüren. In ihrer Studie wählten sie als

Präsentationsmethode Broschüren und „virtual experience".
Hinzu kamen zwei Arten der Destinations, Naturparks und
Freizeitparks. Die Studie zeigte, dass beim Naturpark beide
Werbemöglichkeiten gleich abschnitten, während beim
Freizeitpark die „virtual experience" besser abschnitt. Die
Art der Destination hat somit auch einen Einfluss darauf,
welche Marketingmöglichkeit den Probanden positiver
beeinflusst.

Polcar & Horejsi (2013) vergleichen verschiedene VR
Devices im Hinblick auf Motion Sickness bei virtuellen
Touren. Neben einem normalen PC und einer
stereoskopischen Projektionswand wurde auch ein HMD
(Oculus DK2) mit einbezogen. 45 Probanden wurden per
Fragebogen auf Anzeichen von Motion Sickness befragt,
nachdem sie eine virtuelle Tour mit einem der Devices
durchgeführt hatten. Die Motion Sickness der Probanden
war beim HMD und der Projektionswand viel größer als
beim normalen PC.

Settgast et al. (2016) untersuchten und verglichen zwei VR
Devices bei drei Anwendungsszenarien miteinander, dies in
Bezug auf diverse Parameter wie auch Motion Sickness bei
Probanden. Die Ergebnisse zeigen, dass das DAVE System
besser bei Szenarien abschneidet, bei denen der User direkt
mit der Umwelt interagiert. Die Motion Sickness war beim

DAVE System höher, ebenso aber auch die Immersion bei den Probanden.

Eine weitere Studie über VR und Motion Sickness stammt von Serge & Moss (2015). Probanden hatten ein HMD. Es gab zwei Aufgaben, eine bei der man in der VR nur beobachten musste und eine bei der man sich am Computer in der VR selbst bewegte. Die Hypothese von Serge und Moss, dass die Motion Sickness mit zunehmender Dauer der VR Experience stärker wird, konnte sich bestätigen. Die Hypothese, dass die Motion Sickness bei der Beobachtungs - Aufgabe höher wäre als bei der Aufgabe, bei der der Proband selber navigieren muss, konnte sich nicht bestätigen.

Koslucher et al. zeigten 2015, dass eher Frauen von Motion Sickness betroffen sind. Ursache hierfür ist die unterschiedliche Nutzung der Körper in VR von Männern und Frauen. Diese unterschiedliche Bewegung führte in ihrer Studie zu einer höheren Motion Sickness bei Frauen.

Einen anderen Ansatz zur Ursache für Motion Sickness verfolgen Allen et al., diese zeigten in ihrer Studie 2016 an der Universität Wisconsin, dass Anwender welche eine besonders sensible visuelle Wahrnehmung für Bewegung im dreidimensionalen Raum haben anfälliger für Motion

Sickness sind, als Anwender die diese nicht haben.

Zur Lösung des Motion Sickness Problems zeigt aktuell die Forschung erste Ergebnisse. Ein vielversprechender Lösungsansatz ist der von Feiner & Fernandes. Diese zeigten 2016 an Columbia Universität, dass eine auf Software basierende Rendermethode die Motion Sickness dauerhaft reduzieren könnte. Dies wird erreicht in dem das FoV des HMD bei einer Bewegung in der VR kurzeitig begrenzt wird.

Virtual Reality bietet auch einen interessanten Ansatz in der Psychotherapie. Bei intensiven Gesprächen meinerseits mit mehreren Psychologen über VR schwärmten diese von den Möglichkeiten. Bei Phobien und Angststörungen zeigt sich die Konfrontationstherapie als sehr wirkungsvoll, hier bietet VR/AR/MR eine große Bandbreite an Möglichkeiten. Auch die Forschung bestätigt dies. Lee & Oh (2007) untersuchten in ihrer Studie ob es einen Zusammenhang zwischen Reisenagst und VR gibt. Ergebnis der Studie war, dass VR die Reiseangst bei Probanden verringerte. Die Probanden erhalten mehr Informationen über die Destination durch VR und somit kommt es zur Verringerung ihrer Reisenagst. Diese Vertrauensbildung durch VR in eine Destination untersuchten auch Ahn et al. (2013). Ihre Studie zeigte, dass Probanden mehr Vertrauen in eine Destination, in diesem Fall ein Hotel, haben, wenn sie dies durch VR erlebt haben. Diese durch VR verbesserte Vertrauensbeziehung zwischen Destination und Proband führte in der Studie dazu, dass die Reiseangst verringert wurde und somit mehr Personen das Hotel buchen würden, also die Destination besuchen würden. Carlin et al. zeigten schon 1997 die positiven Auswirkungen von VR/MR im Bezug zur Therapie einer Spinnenphobie.

Interessant ist das auch in Bezug auf das Thema Flugangst, hier zeigte VR in einer Studie die gleichen Verbesserungen zur Linderung der Flugangst bei Probanden wie die Konfrontationstherapie in einem richtigen, realen Flugzeug (Rothbaum et al. 2000).

Auch in Bezug auf Klaustrophobie zeigte VR sich als wirksame Therapiemethode, lt. einer Studie von Botella et al. (2000).

Auch ein interessantes Feld ist die Therapie von Schlaganfällen mit Hilfe von VR.

Hier existieren sehr viele erfolgversprechende Studien, einige gute Beispiele bei Interesse sind: Laver et al. (2012), Jack et al. (2001), Saposnik et al. (2010), Henderson et al. (2007), Merians et al. (2002) oder Broeren et al. (2004).

5. <u>Ausblick</u>

Der VR/AR/MR Markt wird wachsen und kommen, doch in welcher Geschwindigkeit ist die große Frage.

Der allgemeine Hype um das Themengebiet hat 2016 ein Allzeithoch erfahren, doch es fehlt noch an einer breiten Nutzerbasis, so dass Unternehmen ihre Inhalte gewinnbringend monetarisieren können, ein Problem, welches ich persönlich gerade für neue Startups in diesem Bereich sehe. Viele Venture Kapital Geber investieren in die Unternehmen, doch das Kapital ist schnell verbraucht und ohne funktionierende Revenue Streams werden die Startups schnell wieder eingestampft. Eine Chance im Markt haben aktuell eher Technologie Unternehmen, die spezielle Hardware- oder Softwaremethoden anbieten und diese lizenzieren oder als Unternehmen selbst von einem der großen Player wie Google, Apple, Facebook, Intel, Microsoft und Co gekauft werden. Plattformen haben es noch schwer, aufgrund der niedrigen Nutzerbasis. Es braucht mutige Unternehmen welche Visionen haben und in Vorleistung gehen. Beispielswiese das Team um Marcus Kühne von Audi, das als eines der ersten VR angetrieben hat und weiter nach vorne und in die Allgemeinheit bringen.

Die Zeit wird langsam zeigen welcher Content im VR/AR/MR Bereich bei den Anwendern besonders gut ankommt.

Aktuell kann VR/AR/MR schon einen Mehrwert im Bereich Marketing und Vertrieb spielen. In meiner Studie konnte ich dies nachweisen, der Werbeeffekt meiner Experimentalgruppen mit HMD's, war signifikant höher als der meiner Kontrollgruppe mit einer Webseite.

Persönlich finde ich die Technik aktuell noch zu wenig ausgereift für ein breites Publikum. Als ich auf dem VR/AR Kongress der Digility 2016 in Köln zum ersten Mal die Microsoft HoloLens ausprobieren konnte war ich schlichtweg sehr enttäuscht, ein geringes FoV und ein für mich unkomfortabler Sitz, hier gab es keinen Wow-Effekt. Auch bei VR ist die Anwendung der High-End Geräte für den Casual Nutzer noch recht kompliziert. Erst muss es zu autarken Standalone Geräten kommen, welche passable Auflösung, FoV und Ergonomie haben, dann kann VR in der Masse ankommen. Als ich 2014 meine Entwicklerversion(DK2) der Oculus Rift erhalten habe, war ich enttäuscht, ich hatte mir das Gefühl in der virtuellen Realität zu sein besser vorgestellt. Wirklich überwältigt war ich erst als ich die HTC Vive zum ersten Mal ausprobieren konnte, das Bewegen in der virtuellen Realität, die Locomotion, waren ein absoluter Wow-Moment.

Als ich später für HTC die Vive vor Release im Rahmen von Events Menschen vorführte, war es genau dieser WoW-Moment den fast jeder Nutzer erlebte.

Als kurze abschließende Worte kann ich sagen, VR/AR/MR ist hier um zu bleiben, doch der Weg bis die Techniken in der Allgemeinheit angekommen sein werden, wird länger sein als von den meisten prognostiziert. Sobald die kritische Masse erreicht ist, wird man diese Technikrevolution aber nicht mehr aufhalten können und sie wird sich von jung bis alt verbreiten, ähnlich dem Smartphone.

6. <u>Quellen</u>

01 Consulting (2016). *Virtual Reality 2016: VR or VRn't? That is the question.* Verfügbar   unter http://www.01consulting.net/portfolio-item/vr-virtual-reality-market-research-   analysis-report-2016/ [22.02.2017].

AbIresearch (2017). *Augmented and Virtual Reality Devices and Enterprise Verticals.*   Verfügbar unter https://www.abiresearch.com/market-research/product/1023328-   augmented-and-virtual-reality-devices-and-/ [02.04.2017].

Ahn, J.-C., Cho, S.-P., & Jeong, S.-K. (2013). Virtual Reality to Help Relieve Travel Anxiety.   *KSII Transactions on Internet and Information Systems, 7* (6), 1433 - 1447.

Allen, B., Hanley, T., Rokers, B., & Green, C. S. (2016). Visual 3D motion acuity predicts   discomfort   in   3D stereoscopic environments. *Entertainment Computing, 13*, 1-9.

Aukstakalnis, S., & Blatner, D. (1994). Cyberspace. *Die Entdeckung künstlicher Welten, Köln,* *29.*

Azuma, R. T. (1997). *A Survey of Augmented Reality.* Malibu,CA: Hughes Research Laboratories.

Azuma, R., Baillo, Y., Behringer R., Feiner S., Julier S. & MacIntyre B. (2001). Recent advances in augmented reality. *Computer Graphics and Applications*, IEEE 21. Jg., H. 6, S. 34-47.

Batallé, J. (2013). An Introduction to Positional Tracking and Degrees of Freedom (DOF). *Road to VR.* Verfügbar unter: http://www.roadtovr.com/introduction-positional-tracking-degrees-freedom-dof/ [11.09.2016].

Bitkom (2016). *Virtual Reality wird immer bekannter.* Verfügbar unter https://www.bitkom.org/Presse/Presseinformation/Virtual-Reality-wird-immer bekannter.html [02.09.2016].

Bonset, S. (2014). Oculus Rift, Project Morpheus und Co.:

Renaissance der Virtual Reality. *t3n.* Verfügbar unter: http://t3n.de/news/virtual-reality-oculus-rift-project-morpheus-   546904/ [11.09.2016].

Botella, C., Baños, R. M., Villa, H., Perpiñá, C., & García-Palacios, A. (2000). Virtual reality   in the treatment of claustrophobic fear: A controlled, multiple-baseline design. *Behavior therapy, 31*(3), 583-595.

Bowman, D. A. & McMahan, R. P. (2007). Virtual Reality. How Much Immersion Is Enough? *Computer,*   Vol.   40, S.36 – 43.

Bowman, D., Kruijff, E., LaViola Jr, J. J., & Poupyrev, I. (2004). *3D User Interfaces: The   ory   and   Practice, CourseSmart eTextbook.* Addison-Wesley.

Briegleb V. (2016). *MWC 2016: Eyetracking senkt die Grafiklast bei Virtual Reality.* Verfügbar   unter http://www.heise.de/newsticker/meldung/MWC-2016-Eyetracking-senkt-die-   Grafiklast-bei-Virtual-Reality-3113352.html [11.09.2016].

Broeren, J., Rydmark, M., & Sunnerhagen, K. S. (2004). Virtual reality and haptics as a   training device for movement rehabilitation after stroke: a single-case study. *Archives   of physical medicine and rehabilitation, 85*(8), 1247-1250.

Brooks, J. O., Goodenough, R. R., Crisler, M. C., Klein, N. D., Alley, R. L., Koon, B. L. &   Wills, R. F. (2010). Simulator sickness during driving simulation studies. *Accident   Analysis & Prevention, 42*(3), 788-796.

Bruns, M. (2015). *Virtual Reality: Eine Analyse der Schlüsseltechnologie aus der Perspektive   des strategischen Managements* (1. Auflage). Hamburg: Diplomica Verlag.

Burdea, G. C. & Coiffet, P. (2003). *Virtual Reality Technology.* (2. Auflage) Hoboken: John   Wiley.

c't-Redaktion (2016) *c't wissen Virtual Reality 2016.* Hannover: Heise Medien.

Cao J. (2016). *Magic Leap Valued at $4.5 Billion With Funding From Alibaba.* Verfügbar unter https://www.bloomberg.com/news/articles/2016-02-02/magic-leap-raises-793-5- million-from-alibaba-google-qualcomm [11.09.2016].

Carlin, A. S., Hoffman, H. G., & Weghorst, S. (1997). Virtual reality and tactile augmentation in the treatment of spider phobia: a case report. *Behaviour research and therapy,* *35*(2), 153-158.

Charara, S. (2015). Explained: How does VR actually work? *WAREABLE.* Verfügbar unter: http://www.wareable.com/vr/how-does-vr-work-explained [12.09.2016].

Citi (2016). *Virtual and Augmented Reality.* Verfügbar unter https://ir.citi.com/T%2BvCDTq%2BvNBG54TpOa6CACw vuDoOl1PCi5gT7r1rv0CSW%2B3kp3X7CKhPBoKsWeEF 5RZLqfH0cuI%3D [23.11.2016].

Coates, G. (1992). Program from Invisible Site a virtual show, a multimedia performance   work. presented by George Coates Performance Works, San Francisco, CA (March   1992).

Cruz-Neira C., Sandin D. J. & Defanti, T. A. (1993). Surround- Screen   Projection-Based   Virtual Reality: The Design and Implementation oft the CAVE. *Proceedings of the 20th   annual conference on Computer graphics and interactive techniques*, S.135-142

Deloitte (2016). *Virtual reality: a billion dollar niche.* Verfügbar   unter http://www2.deloitte.com/content/dam/Deloitte/global/Doc uments/Technology- Media-Telecommunications/gx-tmt-prediction-virtual-reality-hardware-sales.pdf [24.08.2016].

Desai, P. R., Desai, P. N., Ajmera, K. D., & Mehta, K. (2014). A review paper on oculus rift-a   virtual   reality headset. *arXiv preprint arXiv:1408.1173*.

Dexta Robotics (2016). *Dexmo.* Verfügbar unter http://www.dextarobotics.com [21.09.2016].

Digi-Capital (2015). *Augmented/Virtual Reality Report 2015.* Verfügbar http://www.digi-capital.com/news/2015/04/augmentedvirtual-reality-to-hit-150-billion-disrupting- mobile-by-2020/#.WDwLiISXzGA [21.08.2016].

Dörner R., Jung B., Grimm P. & Broll W. (2013). *Worum geht es bei VR/AR?, Was ist VR?, VR/AR Systeme," in Virtual und Augmented Reality (VR/AR).* Berlin, Heidelberg: Springer-Verlag. pp. 1 - 24.

Fauzi, A. H., & Gozali, A. A. (2015). Virtual Reality to Promote Tourism in Indonesia. *Jurnal Sistem Komputer, 5*(2), 47-50.

Fernandes, A. S., & Feiner, S. K. (2016). Combating VR sickness through subtle dynamic field-of-view modification. In *2016 IEEE Symposium on 3D User Interfaces (3DUI)* (pp. 201-210). IEEE.

Fove (2016). *Eye Tracking VR Headset.* Verfügbar unter:
https://www.getfove.com   [01.12.2016].

Geiger, C. & Drochtert, D. (2015): Virtual Reality. VR-
Gaming. Neue Geräte erfordern neue Spielkonzepte. *iX
Developer* 1/2015, S.62 – 68

Gianaros, P. J., Muth, E. R., Mordkoff, J. T., Levine, M. E.,
& Stern, R. M. (2001). A   questionnaire   for   the
assessment of the multiple dimensions of motion sickness.
Aviation, space, and environmental medicine, 72(2), 115.

Goldman Sachs (2016). *Virtual & Augmented Reality:
Goldman   Sachs   Report.*   Verfügbar   unter
http://www.goldmansachs.com/our-
thinking/pages/technology-driving-innovation-
folder/virtual-and-augmented-reality/report.pdf
[24.08.2016].

Google (2016). *Google Daydream.* Verfügbar unter https://vr.google.com/daydream/ [01.10.2016].

Greenlight (2016). *Virtual Reality Consumer Adoption Report.* Verfügbar unter http://www.greenlightinsights.com/reports/2016-consumers-report/ [24.08.2016].

Grimm, P., Herold, R. & Hummel, J. (2013). Optisches Tracking, Weitere Eingabegeräte. *Virtual und Augmented Reality* (pp. 104 - 115). Springer Berlin Heidelberg.

Guerra, J. P., Pinto, M. M., & Beato, C. (2015). Virtual reality-shows a new vision for tourism and heritage. *European Scientific Journal.*

Hand, C. (1996). Other faces of virtual reality. In *Multimedia, Hypermedia, and Virtual Reality Models, Systems, and Applications* (pp. 107-116). Springer Berlin Heidelberg.

Henderson, A., Korner-Bitensky, N., & Levin, M. (2007). Virtual reality in stroke rehabilitation: a systematic review of its effectiveness for upper limb motor recovery. *Topics in stroke rehabilitation, 14*(2), 52-61.

Henning, A. (1997). *Die andere Wirklichkeit, Virtual Reality Konzepte, Standards, Lösungen.* Bonn: Addison Wesley Verlag.

Hillenbrand, T. (2013). Vor dem Internet kam der Dungeon. *Heise.de.* Verfügbar unter: http://www.heise.de/tp/artikel/40/40103/1.html [15.10.201 6].

HTC (2016). *HTC Steam Vive.* Verfügbar unter https://www.vive.com/de/ [10.09.2016].

Huang, Y. C., Backman, K. F., Backman, S. J., & Chang, L. L. (2016). Exploring the Implications of Virtual Reality Technology in Tourism Marketing: An Integrated Research Framework. *International Journal of Tourism Research, 18*(2), 116-128.

Intel (2016a). *Virtual Reality.* Verfügbar unter http://www.intel.com/content/www/xr/en/architecture-and-technology/virtual-reality-overview.html [10.09.2016].

Intel (2016b). *Intel Realsense Technik.* Verfügbar unter http://www.intel.de/content/www/de/de/architecture-and-technology/realsense-overview.html [10.09.2016].

Intel (2016c). *Intel Unveils Project Alloy.* Verfügbar unter https://newsroom.intel.com/chip-shots/intel-unveils-project-alloy/ [11.09.2016].

International Society for Presence Research. (2000). *The Concept of Presence: Explication Statement.* Verfügbar unter https://ispr.info/ [24.09.2016].

Jack, D., Boian, R., Merians, A. S., Tremaine, M., Burdea, G. C., Adamovich, S. V., ... & Poizner, H. (2001). Virtual reality-enhanced stroke rehabilitation. *IEEE transactions on neural systems and rehabilitation engineering, 9*(3), 308-318.

Jung, T., Tom Dieck, M. C., Lee, H., & Chung, N. (2016). Effects of Virtual Reality and Augmented Reality on Visitor Experiences in Museum. *Information and Communication Technologies in Tourism 2016* (pp. 621-635). Springer International Publishing.

Kayatt, P., & Nakamura, R. (2015). Influence of a head-mounted display on user experience and performance in a virtual reality-based sports application. *Proceedings of the Latin American Conference on Human Computer Interaction* (p. 2). ACM.

Kent, J. (2011). *The Augmented reality handbook* (1. Auflage). Newstead: Emereo Pty Limited.

Koslucher, F., Haaland, E., Malsch, A., Webeler, J., & Stoffregen, T. A. (2015). Sex differences in the incidence of motion sickness induced by linear visual oscillation. *Aerospace medicine and human performance, 86*(9), 787-793.

KPMG (2016). *Neue Dimensionen der Realität*. Verfügbar unter https://home.kpmg.com/de/de/home/themen/2016/04/neue-dimensionen-der-realitaet.html [02.09.2016].

Laver, K., George, S., Thomas, S., Deutsch, J. E., & Crotty, M. (2012). Virtual reality for stroke rehabilitation. *Stroke, 43*(2), e20-e21.

LaViola Jr, J. J., Feliz, D. A., Keefe, D. F., & Zeleznik, R. C. (2001). Hands-free multi-scale navigation in virtual environments. *Proceedings of the 2001 symposium on Interactive 3D graphics* (pp. 9-15). ACM.

Leap Motion (2016). *Reach into new worlds*. Verfügbar unter https://www.leapmotion.com [21.09.2016].

Lee, O., & Oh, J. E. (2007). The impact of virtual reality functions of a hotel website on travel anxiety. *Cyberpsychology & Behavior, 10*(4), 584-586.

Licht, L. (2010). *Augmented and Mixed Reality* (1st ed.). Hamburg: Diplomica Verlag GmbH.

Manus (2016). *Your main VR controller.* Verfügbar unter https://manus-vr.com [21.09.2016].

McCauley M. E. & Sharkey T. J. (1992). Cybersickness: perception of self-motion in virtual environments. *Presence: Teleoperators and Virtual Environments*, 1, Nr. 3, pp. 311 –318.

Mehler-Bicher A., Reiss M. & Steiger L. (2011). *Augmented Reality. Theorie und Praxis.* München: Oldenburg Verlag.

Merians, A. S., Jack, D., Boian, R., Tremaine, M., Burdea, G. C., Adamovich, S. V., ... & Poizner, H. (2002). Virtual Reality--Augmented Rehabilitation for Patients Following Stroke. *Physical therapy*, *82*(9).

Meta (2016). *Meta.* Verfügbar unter https://www.metavision.com [20.12.2016].

Metz, C. (2015). The HoloLens Isn't as Great as You

Think—At Least Not Yet. *WIRED*. Verfügbar unter: http://www.wired.com/2015/05/microsoft-hololens-narrower-than-you-think/ [27.09.2016].

Microsoft (2016). *HoloLens.* Verfügbar unter https://www.microsoft.com/microsoft-hololens/en-us/why-hololens [27.09.2016].

MindMaze (2016). *MindMaze.* Verfügbar unter https://www.mindmaze.com [15.11.2016].

Milgram, P., Takemura, H., Utsumi, A., & Kishino, F. (1995). Augmented reality: A class of displays on the reality-virtuality continuum. *Photonics for industrial applications* (pp. 282-292). International Society for Optics and Photonics.

Miltiadis, C. (2016). Project anywhere: An interface for virtual architecture. *International Journal of Architectural Computing*, 1478077116670746.

Mitchell, R. (2014). Oculus Rift: From $2.4 million Kickstarter to $2 billion sale. *Engadget.* Verfügbar unter: http://www.engadget.com/2014/03/28/oculus-rift-from-2-4-million-kickstarter-to-2-billion-sale/ [27.09.2016].

Nielsen (2016). *REALITY CHECK: A PEEK AT THE VIRTUAL AUDIENCES OF TOMORROW.* Verfügbar unter http://www.nielsen.com/us/en/insights/news/2016/reality-check-a-peek-at-the-virtual-audiences-of-tomorrow.html [03.12.2016].

Nuñez, M. (2015). How It Works: The Oculus Rift. *Popular Science.* Verfügbar unter: http://www.popsci.com/oculus-rift-how-it-works [21.09.2016].

Oculus (2016). *Oculus Rift.* Verfügbar unter https://www.oculus.com/ [10.09.2016].

Papaefthymiou, M., Plelis, K., Mavromatis, D., & Papagiannakis, G. (2015). *Mobile Virtual Reality featuring a six degrees of freedom interaction paradigm in a virtual museum application.* Verfügbar unter:

https://www.ics.forth.gr/techreports/2015/2015.TR462_Mo
bile_Virtual_Reality_Freedom_Interaction.pdf
[15.10.2016].

Parks Associates (2016). *Consumer Strategies and Use
Cases for Virtual and Augmented   Reality*. Verfügbar
unter http://www.parksassociates.com/whitepapers/vr-ar-
snapshot [05.02.2017].

Pierce, D. (2015). Google Cardboard Is VR's Gateway Drug.
Wired. Verfügbar unter: http://www.wired.com/2015/05/try-
google-cardboard/ [27.09.2016].

Polcar, J., & Horejsi, P. (2013). Knowledge Acquisition And
Cyber Sickness: A Comparison Of VR Devices In Virtual
Tours. *Science*.

Preim, B. & Dachselt, R. (2015): *Interaktive System - Band
2: User Interface Engineering, 3D- Interaktion,   Natural
User Interfaces*. (2. Auflage). Heidelberg: Springer Verlag.

Razer (2016). *Open Source Head-mounted Display for OSVR*. Verfügbar unter: http://www.razerzone.com/de-de/vr/hdk2 [01.12.2016].

Reason, J. T., & Brand, J. J. (1975). *Motion sickness*. Oxford: Academic press.

Rese, A., Schreiber, S., & Baier, D. (2014). Technology acceptance modeling of augmented reality at the point of sale: Can surveys be replaced by an analysis of online reviews?. *Journal of Retailing and Consumer Services, 21*(5), 869-876.

Rothbaum, B. O., Hodges, L., Smith, S., Lee, J. H., & Price, L. (2000). A controlled study of   virtual reality exposure therapy for the fear of flying. *Journal of consulting and Clinical Psychology, 68*(6), 1020-1026.

Rouse, M. (2015). *Virtual Reality*. Verfügbar unter: http://whatis.techtarget.com/definition/virtual-reality [11.09.2016].

Samsung (2016). *Samsung to Unveil Hum On! Waffle and Entrim 4D Experimental C-Lab   Projects at SXSW 2016.* Verfügbar unter https://news.samsung.com/global/samsung-to-unveil-hum-on-waffle-and-entrim-4d-experimental-c-lab-projects-at-sxsw-2016   [02.10.2016].

Saposnik, G., Teasell, R., Mamdani, M., Hall, J., McIlroy, W., Cheung, D., ... & Bayley, M.   (2010). Effectiveness of virtual reality using Wii gaming technology in stroke rehabilitation. *Stroke, 41*(7), 1477-1484.

Serge, S. R., & Moss, J. D. (2015). Simulator Sickness and the Oculus Rift A First Look. *Proceedings of the Human Factors and Ergonomics Society Annual Meeting* (Vol. 59, No. 1, pp. 761-765). SAGE Publications.

Settgast, V., Pirker, J., Lontschar, S., Maggale, S., & Gütl, C. (2016). Evaluating Experiences   in Different Virtual Reality Setups. In *International   Conference   on Entertainment   Computing* (pp. 115-125). Springer International Publishing.

Slater, M. (2003). A note on presence terminology. *Presence connect*, *3*(3), 1-5.

Slater, M., Lotto, B., Arnold, M. M., & Sanchez-Vives, M. V. (2009). How we experience immersive virtual environments: the concept of presence and its measurement. *Anuario de psicología/The UB Journal of psychology*, *40*(2), 193-210.

Sony (2016). *Playstation VR*. Verfügbar unter https://www.playstation.com/de- de/explore/playstation-vr/ [11.09.2016].

StarVR (2016). *StarVR Techspecs*. Verfügbar unter http://www.starvr.com/#techspecs [11.09.2016].

Steinicke F. & und Dörner R. (2013). Wahrnehmungsaspekte von VR, in *Virtual und Augmented Reality*, S.33-61. Berlin Heidelberg: Springer-Verlag.

Steinicke, F., Bruder, G., Jerald, J., Frenz, H., & Lappe, M.

(2010). Estimation of detection thresholds for redirected walking techniques. *IEEE Transactions on Visualization and Computer Graphics, 16*(1), 17-27.

Steuer, J. (1992). Defining Virtual Reality: Dimensions Determining Telepresence. *Journal of Communication - Stanford University,* S. 73-93.

SuperData (2016). *Virtual Reality Industry Report 2016.* Verfügbar unter https://www.superdataresearch.com/market-data/virtual-reality-industry-report/ [24.08.2016].

SuperData (2017). *Unity and SuperData launch major mobile games and VR report.* Verfügbar unter https://www.superdataresearch.com/unity-and-superdata-launch-major-mobile-games-and-vr-report/ [29.02.2017].

THE VOID (2016). *The Void - Step Beyond Reality.* Verfügbar unter https://www.thevoid.com [25.08.2016].

Tussyadiah, I., Wang, D., & Jia, C. H. (2016). Exploring the Persuasive Power of Virtual Reality Imagery for Destination Marketing. *Tourism Travel and Research Association: Advancing Tourism Research Globally.* Paper 25

Varona, J., Buades, J. M., & Perales, F. J. (2005). Hands and face tracking for VR applications. *Computers & Graphics, 29*(2), 179-187.

Virtual Reality Intelligence (2017). VRX Industry Survey - VRX Europe 2017. Verfügbar unter: http://img03.en25.com/Web/FCBusinessIntelligenceLtd/%7Bc709059a-cd82-4e1d95ab8379c4eb08a5%7D_4783_VRX_2017_Survey.pdf?utm_campaign=4783%2029MAR17%20Survey%20Auto responder.htm&utm_medium=email&utm_source=Eloqua&elqTrackId=e591221ee93f451394875bfea5ca1e27&elq=e3df695801c042f685d4be9cc82ba3c9&elqaid=26902&elqat=1&elqCampaignId= [12.04.2017].

Virtuix (2016). *Virtuix Omni.* Verfügbar unter http://www.virtuix.com [3.10.2016].

Wan, C. S., Tsaur, S. H., Chiu, Y. L., & Chiou, W. B. (2007). Is the advertising effect of virtual experience always better or contingent on different travel destinations? *Information Technology & Tourism*, *9*(1), 45-54.

Weinbaum, S. G. (1935). *Pygmalion's Spectacles*. New York

Whittinghill, D. M., Ziegler, B., Case, T., & Moore, B. (2015). Nasum Virtualis: A Simple Technique for Reducing Simulator Sickness. *Games Developers Conference (GDC)*.

ZEISS (2016). *ZEISS Symposium 2016*. Verfügbar unter http://www.zeiss.de/corporate/zeisscorporatenewsroom/news/pressemitteilungen.html?id=zeiss-symposium [02.09.2016].